4인칭에 관하여

시산맥 감성기획시선 041

4인칭에 관하여
시산맥 감성기획시선 041

초판 1쇄 발행 | 2020년 2월 1일

지 은 이 | 윤석호
펴 낸 이 | 문정영
펴 낸 곳 | 시산맥사
편집주간 | 이성렬
편집위원 | 강경희 안차애 오현정 정재분
등록번호 | 제300-2013-12호
등록일자 | 2009년 4월 15일
주   소 | 03131 서울특별시 종로구 율곡로 6길 36,
            월드오피스텔 1102호
전   화 | 02-764-8722, 010-8894-8722
전자우편 | poemmtss@hanmail.net
시산맥카페 | http://cafe.daum.net/poemmtss

ISBN 979-11-6243-098-9 03810

값 9,000원

* 이 책은 전부 또는 일부 내용을 재사용하려면 반드시 저작권자와 시산맥사의 동의를 받아야 합니다.
* 이 도서의 국립중앙도서관 출판예정도서목록(CIP)은 서지정보유통지원시스템 홈페이지(http://seoji.nl.go.kr)와 국가자료종합목록 구축시스템(http://kolis-net.nl.go.kr)에서 이용하실 수 있습니다. (CIP제어번호 : CIP2020001046)

* 이 시집은 교보문고와 연계하여 전자책으로도 발간됩니다.
* 이 도서는 카카오톡 선물하기 〈독서의 계절〉에서도 구입할 수 있습니다.

4인칭에 관하여

윤석호 시집

* 본문 페이지에서 한 연이 첫 번째 행에서 시작될 때에는 〈 표기를 합니다.

■ 시인의 말

  영화가 시작된다.
  그는 1인칭, 그녀는 2인칭, 주변에 착하거나 못 된 3인칭들. 그 외 배경이거나 세트거나, 이름도 없고 상관도 없는 잡다한 것들. 4인칭이다.
  동료들은 한 번도 나를 무시한 적이 없다. 그냥 나를 인식하지 못한다. 나는 가구다. 옷장이면서도 옷 한번 배불리 품은 적 없다. 나는 행인이다. 하지만 한 번도 내 갈 길을 간 적이 없다.
  방문을 열고 들어서면 다시 1인칭이지만 내 곁에는 2인칭도, 3인칭도 없다. 그들은 각자의 방문을 닫고 그 안에서 1인칭으로 살고 있다. 나에게 그들은 4인칭이다. 그들에게 나도 그렇다.
  거리에서, 편의점에서 사람들이 무표정한 것은 배역이 주어지지 않았기 때문이다. 문을 열고 입을 열면 저절로 인칭이 생기겠지만 4인칭끼리 말을 섞는다는 것은 두려운 일이다. 그런 밤이면 마음속에 구덩이를 파고 참았던 것들을 깊게 묻는다. 나는 이제 그 이야기를 파내고 싶다. 토기처럼 썩지도 못한 채 싱싱하게 발굴되는 그 내면의 이야기를.

                          2020년 정월, 윤석호

■ 차 례

1부

당돌한 시 - 19

위험해 보이고 싶다 - 20

꿈꾸는 별 - 22

명태 회귀하다 - 24

미운 오리 새끼 - 26

뱀을 아세요 - 28

또 다른 1인칭 - 30

벽 속의 문 - 32

자작나무 숲 - 34

12월 - 36

잭나이프 - 38

고도를 기다리며 - 40

씨앗으로 남겨 두세요 - 42

2부

바람이 전하는 말 – 45

12월의 마이애미 – 46

기울어지는 저녁 – 47

새벽 꽃 시장에서 – 50

소리와 단면에 관한 단상 – 52

송어는 하류로 가고 – 54

새들은 페루에 가서 죽다 – 56

철 대문 – 58

겨울편지 – 60

맑은 아라비아식 노을을 꿈꾸며 – 62

사막에 뜨는 별 – 64

삼베 빛 목화 향 – 66

이비지기 디너기셨다 – 68

3부

창문은 사연도 모르면서 울고 있었다 – 73

홀로 하는 사랑은 – 74

거꾸로 흐르는 강 – 76

여름은 고무신 자국을 남겼다 – 78

당나귀, 꽃 보듯 한다 – 80

작용 속 반작용 – 82

꿈은 물속 같아요 – 84

매미 우주로 가다 – 86

뫼비우스의 띠 – 88

버티다 무너지는 것들에 대하여 – 90

4인칭에 관하여 – 92

증묘 – 94

길 위에서 – 96

4부

꽃은 상처예요 — 101

촛불 1 — 102

기다림이 꽃으로 피다 — 104

그리고 아무 말도 하지 않았다 — 106

가볍거나 한 번뿐인 것에 관하여 — 108

꽃이 지면 — 110

누가 꽃이 되려 하나 — 112

병영 일기 — 114

새롭게 빛나는 저녁 — 116

소리 내어 우는 것들의 속은 비어 있다 — 118

어느 해 겨울 — 120

거미의 꿈 — 122

희어진다는 것은 124

■ **해설** | 이주화 — 127

1부

당돌한 시

당돌하다는 말의 끝은
분별없거나 모질지 않다

느슨함을 파고들어
문득, 우리를 새롭게 하는 깨우침
한입에 넣고 씹기에는 부담스러운
불그스레한 풋고추 한 접시

대문을 열고 안방까지 곧장 들어오지만
문고리를 뜯거나 창문을 부수는 법 없는 언어들
중개상이나 상점 진열대를 거치지 않고
거품 없는 가격에 직거래 되는 감수성

당돌하다는 말 속에는
새롭지 않고는 상하기 쉬운
야무진 시 하나 들어 있다

위험해 보이고 싶다

전등은 스위치가 필요하다
총을 가졌다는 것보다
방아쇠를 당길 수 있느냐가 중요하다
어떤 일의 이유는 진짜 이유가 아니다
다만 스위치가 필요했던 것이다
도발 가능성 없는 적은 지루한 이웃이다

뭐든 적분하려는 우파적 습성
닭이 울지 않았는데 온 새벽과
닭 모가지를 비틀어도 온 새벽은 둘 다 산만하다
다시 말하지만 도망치려면 쫓아가야 한다
쫓는 자가 좀 더 빠르지만 앞서가는 법이 없다
추월이란 쫓기던 자가 한 바퀴 돌아
쫓아가는 것이다
추월당하지 않을 권리
그것을 기득권이라고 한다지

우리는 모두 정확하게 똑같은 시간을 가졌다
그래서 회복할 시차가 없다

어떻게 새로울 수 있나
위험해 보이고 싶다
정통도 어느 때에는 이단이었던 것처럼

아날로그 같은 박동을 가지고 싶다

꿈꾸는 별[*]

가슴속 별에 불이 붙은 줄도 모르고
거리의 불빛을 쫓아다닌다
숨 막힐 때마다 꿈은 산소호흡기
그 거리가 끝나는 저녁
마주 선 사람의 눈 속에서 새어 나오는
빛을 지켜보며 서 있다
하늘과 도시가 만나는 경계선을 따라
노을이 재즈처럼 검붉다

꿈을 위해 가진 것을 버린 사람의
가슴에만 별이 자란다
가슴에 담기에 별은 얼마나 날카로운지
그 아픔을 아는 별에만 불이 옮겨붙는다
사랑하지만 서로 다른 별을 품은 사람들은
밤마다 서로 다른 은하를 서성거리며
힘들어 한다
그것도 사랑인 줄은 나중에 알겠지만

별을 꿈꾸는 도시

그 도시 위에 뜬 별들은 지금 무슨 꿈을 꾸나
어둠이 무거운 것은 젖은 꿈 때문이듯
별이 창백한 것은
그 속에 어둠을 담을 수 없어서다
어둠 없이는 빛나는 기억을
꺼내 볼 수 없어서다

*영화 La La Land를 기억하며.

명태 회귀하다

명태
대구목, 대구과

대구의 서자라는 의혹 외에
명태의 족보 어디에도 정체성의 흔적은 없다
떼로 몰려다니는 근본도 없는 건달 같은 어족
심해를 떠돌다가 언제쯤
누구에게든지 길을 물어야 하는
어리둥절한 어족

씨알 굵기 전에는 철들지 말 것
낯선 해류를 만나더라도
함부로 생을 드러내지 말 것
그렇게 몇 번의 겨울을 뜬눈으로 보내면
누군가 차디찬 물 뚜껑을 열고
억세게 건져 올릴 것이다

내장을 들어내자
내부로 통하는 모든 길을 잃었다

생육도 생식도 끝장났으니
허기도 욕정도 쓸데없는 것
오와 행을 맞추고
수직의 대형으로 하늘을 올려다본다
모천 같은 은하수 시리게 흐르는 밤
자기 별 하나씩 눈알에 박고
수만 마리 일제히 회귀를 시작한다
영혼을 뜯어내는 인장과 압축,
그 모진 반복을 이겨내야 할 것
살을 뼈로 벼리는 혹한을 견뎌야 할 것
들키지 않게 조금씩 중력을 잃어가야 할 것

바람이 구름을 불러 수북한 함박눈을
다물지 못한 입에 가득 넣어준다
탁해진 눈알의 창을 닫고
눈자위 움푹 시간에서 이탈하면
먼 별 바람의 심해 속을
견고하게 헤쳐 가는 금빛 영혼

하늘목, 바람과
황태

미운 오리 새끼

너는 나에게 이상한 앨리스
볼 때마다 얼마나 새롭고 놀라운지
미운 오리한테 새끼 하나 더 준다는 말도 있잖아
백조 같은 너에게 나 같은 새끼를 감히 주고 싶어
치매 걸린 할아버지가 매일 꽃을 꺾어
할머니에게 프러포즈하듯
날마다 눈물 나고 어이없게
내 사랑을 고백하고 싶어
꽃이 너보다 조금이라도 아름다울 때면
노을을 풀어 꽃밭에 확 불 질러버릴 거야
별들도 너보다 또랑또랑하지는 못할 거야

돈이 없다는 건 가난한 것과는 달라
시간 없다고 바쁘다는 말도 아니고
요번 딱 한 번만 너를 사랑할 게 요번 생만
그래서 상처도 내가 다 가져갈 거야
네가 할 일이라고는 보고 기억하는 일
어둠 속에 떨고 있으면서도 문이 열리면
환하게 빛나는 음료수병처럼

네가 볼 때만 난 빛나고 싶어
좀 추워도 주름 생긴다고
웃음을 버리지는 않을 거야

뱀을 아세요?

뱀이 왜 기어 다니는지 아세요
불안하기 때문이래요
손발 없이 귀머거리로 사는 동물은 또 없거든요
독이라도 품어야 살 수 있지 않겠어요
얼마나 불안했으면 혀가 다 갈라졌겠어요
남의 땅에 사는 것도 마찬가지예요

혹시 은인을 찔러 죽인
전갈 이야기 들어 보셨어요
본능을 장전하면 갈기고 싶어지죠
본능은 의지보다 늘 앞서니까요
하지만 본능 앞에 불안이란 게 있어요
그래서 가장 위험한 것들은
불안해하는 것들이래요

독을 품은 것들은 기억력이 없어요
어느 한구석 오목한 데가 없기도 하지만
사실은, 뒷걸음질 칠 수 있는 담력이 없어서래요
이방의 밑바닥에 몸을 대고 살다 보면

굳이 시간을 되새기고 싶지는 않을 거예요

간혹, 숨 막히게 달 밝은 밤이 있잖아요
그런 날이면 통째 삼킨 먹이를 삭히며
똬리를 틀어요 철이 든 거지요
저도 한번 쭉 뻗고 살고 싶겠지요
하지만 마음 놓치면 독을 품긴 힘들어져요
무딘 칼은 피차 고통이거든요

번질거리던 각질의 모서리가 굵게 갈라져
살을 후비며 파고든 어느 밤
제 살갗을 찢어 벗겨내며 뿌리치고,
쉼 없이 날름거리며 생을 지켜냈어요
이런 아침은 늘 뻐근해요
눈꺼풀 없이 잔 눅눅한 잠을 말려야
또 하루를 살아갈 수 있거든요
하늘에서 가장 먼 쪽으로 붙어 다니지만
햇볕의 따스함을 알고 있나 봐요

또 다른 1인칭

사건 현장에는 아침 햇빛이 쏟아지고 있었다
밤사이 길거리에 유기된 사각 거울은
반듯하게 누워 하늘을 향해 있었고
그 속의 세상은 산산조각이 나 있었다
낡은 테두리는 거울 조각을 놓치지 않으려고
사후 경직이 강하게 진행되었다 조각났지만
끝내 절망은 허락하지 않겠다는 듯 보였다
지나가던 손이 다가올 때마다 깨진 단면에서
날카롭게 난사되는 햇빛이 접근을 막았다
목격자들의 진술은 대체로 일치했지만
굳이 아는 것을 다 말하지는 않았다
사인은 내상이라고 했다
중심에서 바깥으로, 속에서 겉으로
인정할 수 없는 일들을 감당할 때마다
조금씩, 오랫동안 균열이 진행되었다
소외된 균열은 또 균열끼리
서로를 위로하듯 연결되면서 균열은
걷잡을 수 없이 퍼지게 되었다

〈
안에서 굳게 잠긴 미로,
출구를 알 수 없고
알고 싶지도 않고 나갈 마음도 없는
미로 안의 또 다른 1인칭에게
바깥의 아픔이 떠넘겨질 때마다
자신을 부러뜨리며 외부를 지켜냈지만
날 선 조각들이 낙엽처럼 흩어지기 전
나무를 잘라내야 했을 것이다

아무와도 눈 맞추지 못하고
각자의 팔랑거림에 내면이 갈라지는 오후
오고 가는 거리의 대열에서 비켜난
거울의 변사 사건은
그늘에 묻히며 종결되었다

벽 속의 문

종이 위에 동그라미를 그리면
선을 따라 벽이 자라며
세상은 돌연 안, 밖으로 나누어진다

멀쩡한 벽에 구멍을 뚫고 문을 만든다
마치 처음부터 문을 위한 벽이었던 것처럼

숨을 벽에 가두고
능숙하게 문을 여닫으며
관악기가 음을 만들어낸다
스위치가 문을 열어주지 않았다면
건전지 속 열망이 어떻게 전구를 불태우며
빛날 수 있었을까
고독하지 않고는 자유로워질 수 없다는 듯이
모든 것을 막음으로써 벽은 문을 부추기는 걸까

벽이 사라진 사막은
알갱이 하나마다 각자의 벽을 만들고는
풀 한 포기 키워내지 못한다

문을 열고 세상으로 나와 그를 알기 전까지
나는 벽을 몰랐다
미로 같은 생의 한복판에서
그는 막아섰지만 가두지 않았고
두드리는 곳 어디에나
금세 문을 만들고 품어주었다
아픔이었지만 사랑이었고 벽이었지만 문이었다

종이 위에 동그라미를 그리고
그 위에 작은 문을 만들면
모든 아름다운 이야기는 여기서부터 시작된다

자작나무 숲

여름 끝에서 망설이는 숲
울지 못하던 새가 울음을 준비하듯 가을이 온다
한 번 붉어 보지도 못하고
자작나무 잎이 누렇게 물든다
바람이 군침을 휘날리며 숲을 뜯어 먹는다
혼자 떠돌던 나날들
자신도 스스로를 길들이지 못한
늑대의 흰 눈동자 속으로 겨울이 다가선다
혹한의 바이칼을 건너다 산 채로 얼어붙었던
수십만의 영혼을 자작나무는 기억한다

시간을 타이르고 무릎 꿇려서
기다림으로 머물게 하는 숲
기다림에서 시간을 털어내고 뼈처럼 서 있는 숲
추위는 하얗게 뼛속에 남아
한여름에도 숲은 겨울이었다
추울수록 기억은 싱싱하게 저장되지만
상처는 아물지 못한다
기다림은 또 다른 기다림을 낳고

그 기다림에 슬쩍 묻어와서
삶을 헤집고 몰아세우던 것들이 잠잠해지면
막막함처럼 눈이 내린다
하얗게 표백되어 겨울에 갇힌 숲
상처는 아무는 것이 아니다
어느 날 문득 기억의 뚜껑을 열면
상처는 이미 지워져 있다

언젠가 스칠 어떤 바람을 상상하고
그 바람에 기대를 걸면
닥쳐올 아득한 시간은 어느새 기다림으로 바뀐다
어디로 가는지도 모르고 강물은 흘러가듯
무엇을 기다렸는지 따져 묻지 않아도
기다림 하나만으로 숲은 살아간다
혹한의 한겨울
자작나무 숲은 가늘게 서 있다

12월

이맘때의 하루는 쉽게 어두워지지 않는다
별들은 대낮부터 거리로 쏟아져 내려와 깜박이고
막차 같은 시간을 따라잡으려 사람들은
쉴 새 없이 핸드폰을 들여다보며 길을 찾는다

어두운 골목길 입구
편의점 환한 불빛이 초원 같다
종일 쫓겨 다니던 도시의 유목민들
각자의 하루를 거느리고 들어와
진열대에 놓인 가축과 작물을 골라 담는다
껍질을 벗기고 부위를 나누고 물을 붓는다
한 해 동안 뜯어먹던 시간이 다 시들어가고
이제 곧 짐을 싸고 옮겨가야 한다
포장지의 광고가 맛을 결정하지만
정작 힘든 건 허기보다 바람이다
건너편 술집에 걸린 연말 장식은
벌써 화장이 번져 있다

편의점을 나선 사람들은

모퉁이를 앞두고 머뭇거린다
담뱃불을 붙일 때마다 드러나는 얼굴들은
습관처럼 뒤를 돌아본다
내뱉는 연기에 딸려 올라온 이름 때문에
몇 번 헛기침을 한다
내용도 없이 가장자리만 선명한 기억들
내 것도 아닌 시간과 어쩔 수 없었던 마음을
그림자처럼 자르고 이제 사람들은 하나씩
모퉁이를 돌아 사라진다

12월의 늦은 밤거리
따뜻한 누군가에게 돌아가고 싶다
내가 길들지 못하고 떠돌아다닌 것은
너 때문이라고 말하고 싶다
그리움도 없이
가축과 작물뿐인 12월의 초원으로
다시는 혼자 되돌아가고 싶지 않다고
말하고 싶다

잭나이프

너를 낚기 위해
나도 내 몸을 바늘에 꽂아 넣으며
스스로 미끼가 되었지
몸속에 날을 품으려면
자신이 먼저 베여야 한다는 것
그래야 그 고통으로 남을 찌를 수 있는 거야

손에 들려진 채 날이 밖으로 나오면
찌르거나 찔리지 않고는 끝나지 않아
승부를 피할 수는 없어
날이라는 게 제 몸이 갈려 나간 흔적이잖아
이를 악문 경련이 안으로 새겨져 있어서
단면의 비린 맛을 보지 않고는
물러서려 들지 않아

사랑이란 함께 깊어지는 거야
사랑이 끝나고 아픔을 느끼는 것은
서로가 깊게 찔렀다는 말이야
피가 철철 나긴 해도 아물면 감쪽같아

흉터는 안쪽에 생기니까

가끔 운이 나빠
날이 상대방의 가슴속에서
부러지기도 하지
두 사람은 남은 생 동안
다른 누굴 다시 찌를 수는 없어

나는 주머니 속 칼을 만지작거려

고도를 기다리며[*]

미리 말하지만, 그는 오지 않아
하지만 기다리던 것이 금방 오면
얼마나 당황스러울까
기우제에 우산을 준비한 사람은 아무도 없어
기다리다 보면 누굴 기다리는지 까먹기 일쑤지
그렇다고 한눈을 팔지는 않아
왜 찾아 나서지 않냐고 누군가 말하지
내 등 뒤로 뱀처럼 길게
시간이 빠져나가고 있는 것을
굳이 말하고 싶지는 않아

기다림의 뒤꿈치는 늘 들려 있지
뒤꿈치가 들리면 키가 자라고
왠지 긴장하게 되는 것 같아
키가 자란 긴장은 기다림을 꼬깃꼬깃 씹어서
화약처럼 몸속에 다져 넣곤 하지
때론 폭발력을 높이려고 가혹하게
기다림을 몰아세우기도 해
카운트다운처럼 말이야

불을 뿜으며 하늘에 오른 우주선은
몸통을 쉽게 버리지만
아무도 아깝다고 생각하지 않아

조건보다 매너에 더 끌릴 때가 있다는 것을
맞선을 많이 본 사람은 알지
반듯하게 차려입고 기다려 보는 거야
기다림 없이 피는 꽃은 없지만
기다림 때문에 꽃이 피지는 않아
기다림이 만남으로 결말나지 않더라도
괜찮다고 생각해야 해
기다리는 동안 모든 일이 일어났으니까

* 사뮈엘 베케트의 희곡 「고도를 기다리며」에서 제목을 빌려옴.

씨앗으로 남겨 두세요

봄도 아닌데
그냥 씨앗으로 남겨 두세요
화분에 심고 물을 주면
싹이야 나겠죠
하지만 어떻게 감당하려고요
그러다 혹시 시들기라도 한다면
그 자책을 견디겠어요
꽃이란 게
제철이 있는 거예요
제철 아닌 꽃이 함박 피는 것을 보셨어요
피면서 시들고
웃으면서 한숨짓는 꼴을
꼭 보셔야겠어요
그냥 두면
씨앗이 알아서
싹을 낼 때가 있을 거예요
꽃은
심고 가꾼다고 피는 게 아니에요

ND# 2부

바람이 전하는 말

바람은 하늘의 몸종이다

바람을 따라 길을 가면
별의별 하찮은 별 이야기
해도 해도 끝이 없는 해 이야기
변덕 심한 달의
그믐밤 외박 이야기를 들을 수 있다
가끔 해와 달이 일식집에서 만나
벌이는 정사는 비를 맞으며 들어도
괜찮을 만큼 흥미진진하다

기다리는 것이 오지 않아
바람맞은 날은
혼자 낄낄대며 길을 걷는
바람맞는 재미가 있다

12월의 마이애미

한겨울에도 맨살의 수영객을 입장시키는
얄팍한 바닷가에는
밤을 새운 새벽녘에나 나는 입 냄새 같은
바람만 가득하다
갈매기는 연금술사처럼 그 바람에
거뜬히 올라타고 동공만 남은 까만 눈으로
해변을 조망하고 있다

누구도 쉽게 속을 드러내지 않는데
종일 떠들어대는 파도의 입언저리에만
허연 거품이 끼어 있다
나는 백사장에 앉아
익숙하지도 불편하지도 않은 고립을 느낀다

뒤척이면 모래바람만 일고
조금만 틈을 보여도 염치없이 달려드는 갈매기
무엇인가의 시작도 끝도 되어주지 않으려는
이 바다는,
뛰어들어 안길 수 없게 하는
어색한 파도의 경계를 긋고 있다

기울어지는 저녁

장은 벌써 파했고
취해 꼬부라져 패거리로 몰려다니던 낙엽들이
비 한 자락에 곯아떨어지면서
가을은 완전히 끝장났다
그리고 그 뒤를 지겹도록 찾아오는 병
해가 갈수록 삶에 일부인 양 들러붙어
이제는 잠복기도 없이
대번에 가슴을 뚫어 놓는다

바람 불거나 비 오거나
무엇이든 핑계 삼아 병이 깊어지면
할 수 없이 흑백의 그림자로만 남은 기억을 위해
상을 차린다
향처럼 피워 물던 담배를 끊은 탓에
술부터 한 잔 가득
초라한 나의 기억 앞에 놓는다
축문 대신 튀어나온 노래 한 가락에 걸려
가슴속 낡은 서랍이 퍽, 엎어져서
꾸물꾸물 온 상 위를 기어 다닌다

〈
뿌연 연기 가득한 교문 앞, 몸 사린
내 등을 두드리며 무모한 현재형의
단문으로만 생을 노래하던
그 열정이 아름답구나
시간은 지나도 시대는 영영 끝나지 않아
펑펑 벽을 치며 다가오는 두레박의 눈물처럼
퍼낼수록 싱싱하게 솟아나는구나

이슬 바른 새 잎사귀 햇살에 반짝일 때쯤
몇 번의 내 방황은 모두 유죄였다
나에게 몰아친 그 광풍을 나 혼자만으로는
사랑이라 증명할 수 없었다
몇 번의 수감은 징검다리처럼
나를 강 저편으로 옮겨 놓았고
그래서 나는 가슴에 몇 개의 별을 달고 산다

바로 선 것 하나 없이
모두가 기울어진 저녁 무렵

얼굴 한번 보고 해를 넘기고 싶은 사람들의
서늘한 옷자락과 토담같이 불그스레한
음성을 듣고 싶다
갈수록 세월은 옆으로 흘러서 시제를 혼동시키고
앞뒤 구분도 모르는 이 거추장스러운 기억들을
쓸고 닦아서 지울 수 없다는 걸 알지만
그래도 안 되면 겨울이 올 것이고
그래서 하얗게 덮어 줄 것이다

새벽 꽃 시장에서

꽃을 생각한다
어둠 속
꽃잎 다 떨어져도
고개 숙이지 않는 어떤 꽃을 생각한다

민얼굴로 태양을 상대할 수 있는 것은
꽃밖에 없다
밑바닥 서러움을 겁 없이 건져 올려
씻고 말려서 장만한 원색의 깃발들
태양은 종일 불을 옮겨 붙인다
타오르지 않게 눈부시지 않게
빛이 색이 되어 봉오리 가득 차오른다

이제 출발할 시간,

붙잡혀 있던 뿌리를 쳐내고
한밤을 가로질러 새벽의 집결지로
어떻게 얇아빠진 꽃잎 몇 장 안에
이토록 뜨겁고 빛나고 화려한 것을 품을 수 있나

〈
새벽에서 아침 사이
사람 사는 세상 마음 문을 열고 들어가
색을 다시 빛으로
꽃이 다가설 수 없는 곳은 없지만
꽃 아니면 다가설 수 없는 곳으로
눈물 넘어, 웃음 넘어, 꽃잎 다 떨어질 때까지
꽃은 시들어도
불은 어느새 사람들 가슴속에 옮겨붙는다

꽃을 생각한다
어둠을 뚫고 나와
태양을 깨워 불을 붙이고
맨 처음 세상으로 내보낸
어떤 위대한 꽃을 생각한다

소리와 단면에 관한 단상

1
가끔, 소리는
침묵 속에서 꽃으로 피어난다
물속에서 물이 흐르듯
바람 속에서 바람이 일 듯
침묵과 소리는
다만 듣는 귀의 차이이다

2
아무리 벌겋게 숨을 참아도
꽃피워지지 않는 소리를
안으로 삼키면
바람결 같은 덴 자국이 남는다

3
무엇이든 단면을 드러나게 하는 것은
조심스러운 일이다
고등어를 썰어 가지런한 채로
냄비에 담고

채소로 생을 덮어준다
끓을 때까지 수습할 시간을 주는 것이다

4
나무를 쪼개 태운다
단면과 직각으로만 쪼개지는 내부는
과식한 태양을 토하며
마침내 꽃으로 피어난다

5
칼을 쥐면
단번에 단면을 보려 하지만
어떤 가벼운 생이라도
날을 견딜 만한 결을 가진다

송어는 하류로 가고[*]

오래된 불씨가 지병처럼 번져 숲으로 갔었네
차가운 냇물 속
점박이 꽃 검은 못이 빽빽이 박힌
송어 한 마리 건져 올렸지
재만 남은 마음속에
시린 물고기 한 마리 담고 싶었는데
싱싱한 물비린내 물씬 풍기며
물속 삶이 통째로 따라 올라왔네
사랑인 줄만 알았는데 전부일 줄은 정말 몰랐네
호기심 같은 입질 한 번에
생이 다 걸려들 줄은 그도 몰랐을 거야
그녀를 보내듯 물속으로 다시 돌려보냈네

오늘은 송어를 돌려보낸
시내를 따라 상류로 갔었네
오르막이라 힘들긴 해도
소년처럼 가슴 두근거리며 거슬러 올라갔지
크고 굵은 놈들이야
다들 깊고 푸른 하류로 갔겠지만

맑고 얕은 물에서 재잘거리는
풋내기들을 보고 싶었지
그 물가에 그때처럼 자리를 펴고
송어보다 더 재잘거리는
그 입술에 입 맞추고 싶었네
송어처럼 파닥거리며 입 맞추고 싶었네
그러다 문득 잠을 깼네
송어는 물길 따라 하류로 가고
나는 늙어 있었네

*윌리엄 버틀러 예이츠(William Butler Yeats)의 「방황하는 잉거스의 노래」(The Song Of Wandering Aengus)에서 영감을 얻음.

새들은 페루에 가서 죽다[*]

실종된 우편 비행기는 결국 페루 해안까지 가서 추락했다 목숨 건 야간비행[**]은 종종 이른 새벽 페루의 어느 해안에서 끝이 난다 어둠을 헤치고 맞이한 새벽, 남은 생을 걸고 도박장 같은 해안에 몸을 던진다

야간비행을 끝낸 새들은 터져버린 풍선처럼 해변에 흩어져 있고 밤새 빠져나간 호흡을 보충하듯 바람 한 모금 삼킨 새들은 몸을 부풀리며 이륙을 준비한다 태양은 시간을 쏟아내고 파도는 끝없이 밀려오며 시간만 배달할 뿐 아무 흔적도 남기지 않는다

날개를 달고 싶어 가벼움을 택한 새들은 미치도록 팔랑거리는 얇은 영혼을 가질 수밖에 없다 가볍다는 것은 늘 쓸쓸함의 찌꺼기를 남긴다 표정 지을 수 없는 얼굴을 가진 새들은 종일 물속으로 뛰어들며 삶을 씻어내고 있다 날고 있는 것들은 슬퍼하지 않는다 어떤 날개도 슬픔의 무게를 감당할 수는 없다

〈

조명탄 두 개와 단발 엔진으로 세상의 어둠을 뚫을 수는 없지만 새가 날갯짓이 아니라 속도로 날듯 빛 향한 간절함은 지구를 돌리고 결국 새벽을 불러온다 마지막 비행은 추락으로 끝났지만 추락사는 아니다 몸이 바닥에 닿기 전에 생은 벌써 영원으로 비상했다 새들은 페루의 한적한 해안으로 날아가 새벽의 모래 위에 두려움을 버린다

*로맹 가리의 소설 「새들은 페루에 가서 죽는다」에서 제목을 빌려옴.
**생텍쥐페리의 소설 「야간비행」에서 이미지를 빌려옴.

철 대문

변두리 골목 안으로 이사를 갔다
러닝셔츠 바람의 아버지가 어깨를
벌겋게 태우며 대문을 달았다
덫에 걸린 짐승처럼 철 대문은 퍼덕거렸고
망치로 얻어맞을 때마다 카랑카랑 소리를 질렀다
대문은 완강했고 나는 어렸다

대문 안쪽에 시간이 쌓여 갔다
마당에서 대추나무 가지가 꾸불꾸불 자랐고
철 대문에 대춧빛 꽃이 만발했다
붉게 녹물을 토해내던 장마철 지나
아버지는 꽃을 벗겨내고
페인트로 눈물 자국을 지웠지만
시간은 조금씩 새 나가고 있었다
대문은 중년처럼 무거워 보였고
나는 고개를 숙인 채 들락거렸다

철 대문 꽃핀 자리마다 버짐이 번졌다
버짐이 두툼하게 속에서 차오르는 동안

아버지는 몇 번 덧칠을 했지만
대문은 아랑곳하지 않고 늙어갔다
대추나무 엉클어진 머리 사이로 바람이 불었고
동생이 시집을 갔고 어머니가 세상을 버렸다
아버지가 욱여넣었던 시간이 모두 빠져나갔다
나도 이민을 갔다

아버지는 대문을 나와 아파트로 이사했다
애들 데리고 아파트에 살아보는 게
꿈이었던 어머니가 아버지를 따라와
식탁 위에서 웃고 있다
어머니 뒤로 덧칠이 벗겨진 철 대문이 보이고
사진 찍던 내 그림자가 어머니 품에 안겨 있다
밥을 먹는 아버지 얼굴이 철 대문 같다
눈시울이 대춧빛으로 붉다

겨울 편지

우체국은 더 이상 마음의 거래를
중계하지 않습니다
겉봉을 쓰든 망설임과 우표를 붙이든
용기는 배달만 번거롭게 할 뿐이겠지요
소인이라도 두들겨 박아야
마음이 놓일 것 같은데
밤새 자판을 다독거려 받아낸 진술은
믿음이 가지 않습니다

음표 다 떨어진 겨울 숲의 바람이
날마다 다르게 불고 있습니다
나무의 악상이 매일 달라지기 때문이라고
허기진 새들이 투덜거립니다
누군가에게 무엇인가를 적어 보내려면
연필처럼 검게 탄 속을
미리 가지고 있어야 한다는 것을
겨울 숲은 알고 있었을 겁니다
그들도 지금 소름 돋은 몸으로 또 한 번의
기억을 줄기에 새겨 넣고 있으니까요

〈
껍데기뿐인 풍선도 팽팽함으로 버틸 줄 알고
대나무도 빈속으로 한 시절을
꼬장꼬장 견디고 있습니다
살아온 날은 그 사람의 시대였으니
표정 안에 박혀 있는 시간의 흔적들을
지우는 일은 쉽지 않겠지요
수없이 반복되는 것을 진동이라고 합니다
마음이 정점에 닿지 못하고
복귀와 이탈이 서로를 부추깁니다
이불을 둘러쓰고 가늘게 떨고 있습니다

자른다는 것은 멀쩡한 몸뚱이를
둘로 끊는 일이기에
무모함이 필요하다는 것을 몰랐습니다
하루에도 몇 번씩 감동 없이 꽃이 피고
보람 없이 꽃이 집니다
오후 늦게 하늘의 지령처럼 눈이 내립니다
사랑은 지극히 작은 문만 고집하는
견고한 씨앗이라는 것을
인정하지 않을 수 없습니다
나는 씨앗을 만지작거립니다

맑은 아라비아식 노을을 꿈꾸며

오늘도 다리를 절며
장례식에서 돌아왔다
세상 곳곳마다 널려 있는 틈들
그의 사인은 사실,
추락이다
영혼의 추락

시간을 길이로 거래하는 자들은
둥근 눈금자를 저울처럼 사용하지만
그 깊이를 아는 고단한 자들은
각자의 흉터마다 명암에 걸맞은 만큼의
자발적 추락을 매번 요구당한다
시간의 크레바스*에 빠져 영원에 이른 그도
그냥 외면하며 지나칠 수 없었을 것이다

오래된 사진첩이 점점 무거워지고
그 속의 표구된 순간들이
왜 자꾸 누렇게 번져 나오는지
돌을 두들겨 탑을 만들고

그 속에 갈망을 담아 세우면
지나는 바람이 왜 쉽게 통과하지 못하는지
둥근 눈금자를 사용하는 자들의
아라비아어로는 표현하지 못한다

하루를 마친 해가
벌겋게 부서지며 쉽게 지지 못하고,
길가 키 작은 나무들의 짙은 틈들이
저희끼리 무모하게 자라고 있는 저녁
노을빛 내 그림자가
어둠의 틈 속으로 빠져들고 있다

*크레바스(crevasse)는 빙하나 눈 골짜기에 형성된 깊은 균열이다.

사막에 뜨는 별

하늘이 마르고
한번 누운 풀꽃이 일어나지 못하면서
대지의 풍장이 시작되었다
날리고 쓸려서 떠날 것 떠나고
모진 것들만 남아
낱낱이 뼈를 쪼개 한 톨씩 사리만 골라냈다
바람만이 쉼 없이 부둥켜 와서
참혹한 검열의 불볕을
견딜 수 있게 하였다

사구가 해를 등지고
둥그런 품 안쪽에 그늘을 가두면
성급하게 차고 올라오며 그늘을 삼키는 어둠
버티기 위해 오래 몸을 깎으며 단단해진 것들은
서로 몸을 섞으려 하지 않음으로
그 위에 길을 낼 수 없다
구름도 없이 맨몸으로
핏빛 노을을 만들어낸 서녘 하늘이
사구의 등에 물결무늬를 긁어 넣는다

귀가 순한 사막여우의 눈동자에서 읽히는
한 폭 격랑의 바다
하나둘씩 하늘로 열반하는 모래알

삼베 빛 목화 향

어머니를 항아리에 담아
납골당에 넣고 온다

구겨진 신문지처럼 핏기 없는 두 동생이
어머니의 옷장을 연다
불 꺼진 생의 내면,
삼베 빛 목화 향이 조용히 흘러나온다
주저앉거나 서로 감싸 안으며
보자기에 차곡차곡 두고 간 삶을 옮겨 담는다
시간이 담담히 흐른다
벗겨진 옷걸이가 하나씩 대롱거린다

담아내기 힘겨운 것들이 많았는지
돌아서는 얼굴이 번져 있다
눈길 맞닿지 않게 조심하면서 밥을 먹는다
마른 수육과 미지근하게 허물어진 고깃국
각자 한 그릇씩 허기의 분량만큼
어머니를 삼킨다

〈
아버지는 이제야
소화 못 한 시간을 줄줄 게워내고 있다
누구도 마르지 않고는 보낼 수 없는 길
한동안 천둥 번개는 계속되리라
장마처럼 궂은날이 지난 후에도
질척이는 길과 탁한 웅덩이에 퍽퍽 엎어지겠지만
꽃 지면 별이 되고
그 별빛 아무리 고와도 살아 있는 생은
다시 꽃을 피워야 한다

아버지만 누운 방에 불이 꺼진다

아버지가 다녀가셨다

그새 어깨는 좁아지고 기울어 있었다
굵게 패였던 주름은 토담처럼 무너지고
그 위로 다시 잔주름들이 실뿌리처럼 번져
근엄함도 굴곡도 지워지고 있었다
시선은 늘 조금 높게 혹은 낮게
정면을 응시하던 때를 외면하고 있었다
바람이 지나간 몸은
속이 훤한 데도 되새기려 하지 않았다
뭐든 기억했지만 꺼내 보이지는 않았다
애매한 표정의 안쪽에서
언뜻언뜻 비치는 그림자들은
이제 아버지와는 상관없이 연출되고 있었다
줄어든 잠은 말라가는 목숨을 하루 종일
갉아 먹었다

검색대 앞에선 아버지가 신발과 허리띠를 풀어
통에 담고 헐렁한 바지춤을 잡고 서 있었다
제복이 작아 보이는 남자는
텅 빈 아버지를 더듬어 대고 있는데

잠시 나는 수신이 고르지 못해 화면을 놓쳤다
수습을 끝낸 아버지가 손을 들어 보이며
기우뚱 돌아섰다
아버지는 왕복의 귀로에 올랐고
나는 편도의 길로 아버지를 보냈다

3부

창문은 사연도 모르면서 울고 있다

세상이 잠든 밤
창을 사이에 두고 별들과 마주 앉는다
꼭꼭 찌르듯 눈인사를 끝내고
잃어버린 시간에 대해
다시 시비를 시작한다
별들은 눈만 깜짝이다가
얼른 구름을 불러 놓고 자리를 뜬다

대체 별들은 잃어버린 시간을 모아다가
어쩌려는 걸까
구름은 좀체 걷히지 않고
달무리만 지루하게 맴돌고 있다

차츰 바람이 잦더니
깨알 같은 소리가 하늘에 번진다
구경 나온 나무들이 몸을 흔들며 웅성거린다
이윽고 번쩍, 전자우편 한 통이
빗물에 소인이 번진 채
그날의 아픔을 배달한다

나는 편지를 뜯지 못하고
창문은 사연도 모르면서 울고 있다

홀로 하는 사랑은

홀로 하는 사랑은
가로등이다
꼼짝없이 고개 숙여
한낮에도 불을 끄지 못하는
고장 난 가로등이다
성장할수록 등이 휘는
가로등이다

홀로 하는 사랑은
봄보다 먼저 오는 신록이거나
꽃도 열매도 없이
홀로 잉태한 무모한 씨앗이다

홀로 하는 사랑은
실없이 해를 쫓다 일몰에 걸려
벌겋게 타는 구름이거나
허연 버짐 다 날리고 멀뚱히 선
민들레 빈 대궁이다

〈
아니면 차라리
피를 말리는 열병이던지
과부하로 찌그러진 상심이던지
폭설로 길 잃은 산골 암자의
밤새 꽁꽁 얼어붙은 고립이던지

홀로 하는 사랑은
때를 알아차린
심해 속 연어의
붉어진 속살이다

거꾸로 흐르는 강

욕심 부리지 않아도 된다
나이가 들면
저절로 높아지지

천천히 내려다볼 수 있게 될 거야

치열했던 침엽수림을 통과해서
키 작은 관목 군락을 지날 때면
숲을 핑계로 하늘과의 대면을
더 이상 미룰 수 없다는 걸 알게 되지
그래서 조금씩 등이 굽고
뒤돌아보는 재미에 가파른 앞을
잊을 수 있게 된다

기억이란 시간과 상관없다
어디 두었는지 모를 뿐이지
어둡고 좁은 밥상에 이야기꽃을 씹으며
숟가락 장단을 삼키던 날이 있었지,
힐끔거리다가 맞닿은 눈길 때문에

호흡이 엇갈려서
가슴을 싸매고 걷던 날도 있었고,
현실보다 더 무거웠던 취한 내 그림자를
끌고 다니던 날도 있었지
그 기억들 다 데리고 가야 한다

올라갈수록 메말라지지 시간처럼 말이야
흙먼지 끼고 이내 닦아내지 못한 그리움은
얼굴에 굵은 능선 자국을 줄줄이 남기지
산을 닮아가는 거다
귀가 먹먹해져 메아리조차 잊히면
허옇게 눈 쌓인 머리 위로
망망한 바다가 보일 거야

내가 거슬러 올라왔으니 시간을 탓할 순 없지
물소리 하나, 별빛 하나,
그리움 하나 있으면
긴 오르막을 견딜 수 있다

여름은 고무신 자국을 남겼다

떠내려가는 공을 쫓다
함께 떠내려간 운동화 한 짝과
남는 한 짝 속의 텅 빈 여름 오후
어머니 오기 전
아기 빠져 죽은 집 우물 속보다 서늘한
대청마루 밑으로 남은 한 짝마저 던져 넣고
멀찌감치 마당에서
몇 번이고 곁눈으로 들여다보았다

제 꼬리를 삼킨 뱀처럼
외부를 내부로 숨기려다 뒤집어진
아버지의 양말에서는
숙취의 쿰쿰한 행적들이 피어올랐고
며칠째 양말을 치우지 않던 어머니는
운동화에 대해 묻지 않았다

여름은 발등에 선명한 고무신 자국을 남겼다
예사롭게 아버지 양말을 치우게 된 어머니와
운동화를 사러 시장에 갔다가

크고 다부진 녀석의 팔짱에 끼인 내 공을 보았다
장바구니를 이고 걷는 긴 어머니의 그림자 곁에서
아버지처럼 뒷짐을 지고 따라 걸었다
한쪽을 잃으면 다른 한쪽도 내놓아야 하는 것들,
내 것이지만 우길 수 없는 것들,

여름 해는 하늘을 새까맣게 태우고
마루 밑 운동화는 사리처럼 기억 속에서
여물어 갔다

당나귀, 꽃 보듯 한다

당나귀, 꽃 보고 있다
당나귀, 꽃 보듯 한다

옛날 청계시장 다락방 미싱 앞에
당나귀가 가득했다
키 작고 순해서 당나귀만 한 게 없었다
이다음에 더 자라서 말이 되고 싶은 당나귀
다락방을 떠돌다 착하게 늙어갔다
그래도 당나귀 세상을 꽃 보듯 했다

공사장 막노동판에 당나귀 가득하다
맷집 좋고 얌전해서 당나귀만 한 게 없다
이다음에 돈 벌어서
작은 집 하나 짓고 싶은 당나귀
떠들썩한 골목 지나 집으로 돌아간다
비좁고 가파른 길 오르는데 당나귀만 한 게 없다

뒤돌아보면 환한 불빛, 아쉬운 기억들
콧잔등 하얗게 하루를 잊고

식구들 앞에 서면 미안해지는 눈자위
진통제처럼 술 한 잔 걸치면 하늘에 만개한 별들

새끼들 눈동자 속
당나귀, 꽃 보고 있다
당나귀, 꽃 보듯 한다

작용 속 반작용

언덕을 넘다
지는 해와 부딪쳤다
날카로운 색들이 안으로 뭉개져
띠를 이루며 빨려 들어가는 빛의 중심에는
캄캄한 강철 구멍이 내장되어 있었다
순식간에 동공을 빨아먹는 흡입력은
빛에 데인 그림자를 흔적으로 남겼다
치렁치렁한 언어들을 볕에 늘어 말려도
세월을 견딜만한 시가 되지 못하는 것은
빛 속에 내장된 어둠 때문이다

생의 약점은
살고 싶어 한다는 것이다
매달릴수록 쉽게 굵어져 떨어지는 방울들
높아질수록 더 완강하게 파고드는
나무의 양면성은 혹시
더 깊숙이 밀어 넣고 싶어
자꾸 높아지는 건 아닐까

낮 밤을 안 가리고
모드를 바꿔가며 뻗어가는 세상의
밤거리에 꽃들이 저리 곱게 피고
그 꽃에라도 매달리고 싶은 눈물방울들이
아침이면 이슬처럼 스러진다

거뜬히 1년을 버틴 시계 속 건전지를 꺼내 보면
톡톡 썰고 뱅뱅 돌리는 작업 과정의 찌꺼기들이
옆구리를 뚫고 나와
허연 거품을 토하며 살가죽을 불리고 있다
이 거품을 빨며 희망은 생산되고 있었다
언젠가 본 아버지의 X-레이에서도
불규칙한 흰 거품이 가득 들어 있었다

꿈은 물속 같아요

언제나 꿈은 물속 같아요
불면을 달래서 잠 속으로 몸을 담가요
머리카락이 잉크처럼 번져나가요
이제부터 시간이 천천히 흐를 거예요
힘을 빼면 마음의 무게만큼 가라앉아요
엘리베이터처럼 한층 한층 내려가며
마음이 무거워졌던 장면을
잠깐씩 보여 줄 거예요

도착했어요 꿈속이예요
이제 눈을 길게 감았다 뜨면 장면이 바뀔 거예요
기대하세요 생의 어디쯤에서 눈을 뜨게 될지는
아무도 몰라요

나는 늘 같은 곳에서 눈을 뜨게 돼요
저기 문 앞에서 울고 있는 사람이 누구인지
나는 알아요
모르는 사람들이 그를 쳐다보며 지나가요
새삼 그들의 이름이 하나씩 기억이 나네요

그 이름을 마음속으로 중얼거리는데
갑자기 내 안에서 파문이 일어나요
문은 잠기지 않았다고 말하고 싶은데
말이 입 밖으로 나가지 않아요
조금씩 그의 상처가 보여요
저항의 흔적이 꽃처럼 피어 있네요
그 꽃을 들여다보자 꽃 안에서
그가 나를 올려다보고 있어요
나는 들키지 않으려고 눈을 감아요

나는 늘 같은 곳에서 눈을 뜨게 돼요
저기 문 앞에서 울고 있는 사람이 누구인지
나는 알아요

매미, 우주로 가다

땅속에서
영혼을 파먹으며 육체를 키워가요
허기로 눈앞이 캄캄해져요
정말 바깥이 있기나 한가요
자폐는 문이 안쪽에서 잠긴 경우인데
본능의 배려인가요
문 바깥쪽 군데군데 굵은 못 자국이 느껴져요

뜻밖의 밤,
계엄군 같은 유전자가 본능을 갈아치우자마자
몸뚱이가 주저 없어 문을 열어젖혔어요

갓 태어난 아기와는 달리
허물부터 벗기고 날개도 달아주네요
하지만 결국 울음이 터져요
먼저 나온 울음은 그다음 울음과 연결되어서
멈추면 생이 끝날 것처럼
멈춰지지 않아요

〈
굉음의 숲속
풀벌레도 나무들도 진저리를 치겠지만
하늘빛 서늘해진 어느 가을 저녁쯤
초조해진 풀벌레들 우리 울음을 흉내 내고
길게 방황하게 될 거예요

과민한 햇빛의 감시를 뚫고
나는 지금
고음 고압의 울음을 화염처럼 내뿜으며
대기권을 벗어나려 하고 있어요
생의 바깥은
죽음이 아니라 영원이라고
먼 어느 별에서
파 먹힌 내 영혼이
소리치고 있어요

뫼비우스의 띠

 히터와 에어컨만 있으면 날씨와 상관없이 살 수 있는 세상에 누구는 씨앗을 뒤져 열매를 찾아낸다고 정신이 없고 누구는 그것을 다시 씨앗 속에 욱여넣는다고 세월을 보낸다 한가한 날은 얼마나 빨리 지나가는가 내가 가진 중력은 절대로 부정할 수 없는 내 욕망의 무게다

 종일 맑았던 하늘이 막판에 벌겋게 뒤집어진다 울며 태어난 것들은 통곡하지 않고는 어미의 배 속으로 되돌아갈 수 없다 철도 안든 어린것들에게 어른이랑 똑같이 시간을 나누어 주면 온종일 모여 장난질이나 하고 15살 난 계집애가 현생도 모르면서 다음 생을 알겠다고 출가하는 일이 벌어진다 그리하여 그들은 어른이 되어 간다 집착할수록 대상은 견고해지고 내가 강해지려 할 때마다 상대방만 강하게 키워 놓는다 그런 어느 날 생의 앞쪽에서 예언서가 배달되었다

 치료와 위로를 병행하는 것은 시한부 환자뿐이

다 위험해 지면 스스로 선명해진다 낯선 곳에서 혼자 만나는 시간은 얼마나 새로운가 밖으로 밖으로 기를 쓰고 걸으면 안으로 안으로 들어서게 된다 그 어느 정점에서 눈물처럼 질문이 쏟아진다 생은 왜 막판에 다다라서야 질문을 남발하는가 가슴속에서 물고기처럼 요동치던 질문들은 밖으로 쏟아져 나오자 주둥이를 벌리고 버둥거리다가 말 한마디 못하고 사라진다 질문을 잃으면 다시 배고프다 배고프지 않은 새는 간절하게 울 수 없다 울어도 울어도 질문의 허기는 답으로 채워지지 않는다

　나는 한 바퀴를 돌아 밖으로 나왔다

버티다 무너지는 것들에 대하여

버틴다는 말을
무너졌다는 말로 결말지을 수 있나

꽃 피면 할 수 없이
화려함으로 버텨야 하고
새들도 한 음절의 노래로
하늘을 버티며 날아간다
쭈그러진 아버지가
홀로 누워 생을 버티는 동안
아버지의 구두는 허기로 벌어진 입을
적막으로 버티고 있다
누가 그들에게
버틴다는 동사의 목적어를 물어볼 수 있나

막 떨어진 낙엽을 들여다본다
이렇게 곱고 섬세한 잎들도
때가 되면 가지를 놔 준다
목련도 미련처럼 보이기 전에
스스로 꽃의 목을 자른다

사랑조차도
견디는 일이란 것을 알아차린 듯
어둠 속 별 하나
스스로를 화장하며 별똥별로 지고 있다

버티던 것들만 무너질 수 있다
세상의 하루를 담담히 버텨 내고
해가 벌겋게 서쪽으로 무너지고 있다
시간과 장소가 지워진 기억 몇 개만
차갑게 밤하늘에 남을 것이다

4인칭에 관하여

영화가 시작된다.
1인칭과 2인칭, 착하거나 못 된 3인칭들
나머지는 배경이거나 세트거나 이름도 없고
상관도 없는 잡다한 것들, 4인칭이다
아무도 나에게 무례한 적 없다
내가 있는지도 모른다
나는 가구다
옷장이면서도 옷 한번 배불리 품은 적 없다
나는 행인이다
하지만 한 번도 갈 길을 간 적이 없다
거리에서, 편의점에서 사람들의 무표정은
배역을 받지 못해서다

방문을 열고 들어서면 나는 다시 1인칭이다
내 곁에는 2인칭도, 3인칭도 없다
그들은 각자의 방문 안에서 1인칭으로 살고 있다
나에게 그들은 4인칭이다 그들에게 나도 그렇다
문을 열고 입을 열면 저절로 인칭이 생기겠지만
4인칭끼리 말을 섞는다는 것은 두려운 일이다

그런 밤이면 마음속에 구덩이를 파고
참았던 것들을 깊게 묻는다

외로운 별이지만 아무 때나 빛날 수 없다
바람 분다고 누구 앞에서나 몸을 뒤집고
속을 보일 수도 없다
4인칭은
장르가 다른 세상을 꿈꾸고 있다

증묘蒸猫*

사내의 아내가 부뚜막에 긴 한숨을 뽑아낸다
뽑아낸 한숨을 손톱으로
토막, 토막 분지르고 있다
분지를 때마다 매듭 하나씩 묶어 삼키고 있다
뽑고 분지르고 묶고 삼키며
그녀는 조금씩 고개를 든다
가마솥에 물을 붓고
솔가리 몇 움큼 아궁이에 밀어 넣는다
바람에 시달리며 마른 것들은
부추김 없이도 쉽게 불을 토해낸다
가슴에서 못 삭힌 매듭 몇 개 꺼내
불 속에 던져 넣는다

사내의 아내가 마대를 들고 들어선다
아궁이 속 불이 그림자를 잡아 흔든다
마대를 집어넣고 솥뚜껑을 움켜 닫는다
내 탓 아니다 내 탓 아니다
이를 갈며 뚜껑에서 튀겨 나온 물이
솥을 타고 내리며 자지러진다

이내 가라앉는다
원망은 두고 원한만 가거라
솥뚜껑을 밀어 길을 내어 준다

사내는 자정이 넘어도 돌아오지 않고
사내의 아내는
어둠 속에서 더 깊은 어둠을 파고 마대를 묻는다

*원한을 가진 상대를 저주하기 위해 살아 있는 고양이를 삶음.
 종종 바람난 남편을 가진 아내가 상대 여자를 저주하기 위해 행함.

길 위에서

먼 길을 돌아온 사람의 그림자는
좀 여리고 야위어 있습니다
다정하지만 좀 쓸쓸해 보이는 것은
너무 일찍, 너무 멀리 보았다는 암시겠지요
늘 자책하는 습관으로 살아가지만
세상 어디에 자책 없이 피는 꽃이 있는지요
살아가는 길이 엉키면 잠시 어울리게 되지만
누구도 길 위에서
바람처럼 오래 머물 수 없습니다
우리에게 주어진 것은 시간과 사랑뿐이니
그것으로 인연을 맺고
서로 나누라는 당부겠지요

먼 길을 일부러 돌아온 사람의 그림자는
해 질 무렵 좀 굽어보입니다
그러나 누가 휘어지지 않고
삶을 넉넉히 안을 수 있는지요
가난할수록, 쓸쓸할수록 좀 더
근원에 가까울 수 있다는 위안이

노을처럼 번집니다
꽃은 외모보다 향기로 알 수 있고
나무는 크기보다 그늘로 알 수 있습니다
길 위에서 만나
향기와 그늘이 되어주던 이가
다시 길을 준비합니다
어느 때엔가 길모퉁이를 돌 때
나는 대번에 그 향기를 알아보고
잠시 그 그늘에서
쉬어 갈 수 있겠지요

4부

꽃은 상처예요

꽃은 상처예요
그래서 열매는 흉터지요
전생처럼
상처가 씨앗 안에 미리 숨겨져 있었어요

상처를 저리 곱게 피워 내려고
얼마나 짙은 비명에 꽃잎을 담그고
물들여 냈겠어요
흉터를 다디달게 익혀내려고
그 야문 기억을 뜯어 삭히며
허공에서 혼자 얼마나 버둥거렸겠어요

꽃이 상처라는 것을
나비는 먼저 알고 있었지요
그 아픔을 어루만지며
천천히 날개를 접었다 펼 때마다
다음 생의 상처를
또 숨겨놓곤 했었지요

촛불 1

어둠을 몸부림치는 불사르는 아픔처럼
주체 못 할 눈물이
등으로 배로
곧게 흐르고

이 투박한 빛에
그림자 길게 드리우고 다가와야 할 사람은
저기 돌아앉아
제 그림자에 묻혀 있다

세월이 가듯
왜소해지는 몸뚱이
안타까움에 끝내
그을음을 토한다

내 차라리 꺼져 버릴까
그리하여 지붕을 열고
차가운 별빛을 그리워하며
토막 남은 내 청춘을

어루만질까
먼동으로 밝아오는 눈부신 날엔
태우다 만 내 청춘
무엇이라 이름 붙일까

기다림이 꽃으로 피다

기다림은
만남을 전제로 해야 한다*
바위도 아닌
상하기 쉬운 생이
꽃피울 수 없다면
무엇으로 시간을 견디나

섣부른 꽃은
기어이 바람과 충돌한다
비명 같은 향기를 내질러서
무장한 벌레들만 불러 모으고
전쟁은 참혹하게 끝이 난다

멀어질까 시름하고
가까울까 두려워하는
행성들의 피 말리는 궤도비행
꽃은 이렇게
뒤꿈치부터 들고 시작하는 것이다

〈
그리움은
만남을 전제로 하지 않아도 좋다
시간을 견딜 만한
씨앗으로 남았기 때문이다

*서정윤의 시 「홀로서기」의 첫 구절을 변형하여 인용.

그리고 아무 말도 하지 않았다*

수면 위에 떠 있기 위해
삶은 늘 죽을 만큼 버둥거린다
파도조차 밀려나지 않으려고
떠밀 때마다 울음소리를 내며
다시 바닥으로 기어든다
확인하고 싶다
내가 붙잡고 있는 것이 무엇인지
목마른 꽃은 불타듯 피고
외로운 꽃은 밤마다 향기에 목숨을 건다

질주하는 바람에게 목적지란 없다
빛나지 않으면 별이 아니듯
멈추면 흩어지고 사라지는 것들
쫓겨본 적이 없는 사람들의 악보 속에
바람은 한낱 풍향과 풍속으로 기록되겠지만
정작 바람은 노래를 모른다
멈추고 싶다
이파리 풀어헤치고 몸을 누이며 붙잡을 때마다

〈
상처가 아름답다
상처보다 아픔이 아름답다
아픔보다 먼저 목을 뚫고 올라오는 서러움
울지 않고 빛나는 별은 없다

*전혜린의 유고 수필집 제목에서 빌려옴.

가볍거나 한 번뿐인 것에 관하여

나비의 날갯짓이 가벼워 보였나요
들여다보세요
집채만 한 날개를 감당하느라
얼마나 휘청거리는지
참을 수 없이 가볍다*는 소리는
구경하던 사람들이 돌아서며 하는 말이잖아요

투명한 세상 안에 시간을 붓고
기억을 털어 넣으면
언제나 아픔이 맨 밑바닥에 소리 없이 깔려요
가벼운 것들은
오랫동안 갈피를 잡지 못하고 떠돌다
겨우 내려앉아요
가볍다는 것은 또 다른 무거움이에요
빛 속에서 꽃처럼 살더라도
그림자는 생기고 꽃잎은 져요
생이 한 번밖에 없다고 투덜거리지만**
그건 몰라서 그런 거예요
한 번뿐인 것만이 처음이고 새롭거든요

그래서 아무도 제대로 설명할 수 없는 거예요

나는 늘 당신의 문 앞에서 기다려요
매일 처음인 것처럼 가볍게 기다려요
그리고 당신은
매일 새롭게 외면하며 지나가지요
눈부시게 아름다운 장면이에요
새로움만이 시간을 채울 수 있으니까요
그렇게 숨 쉬는 동안 조금씩 무게는 쌓여가요

*밀란 쿤데라의 소설 『참을 수 없는 존재의 가벼움』에서 빌려옴.
** 독일의 속담 '한 번은 없었던 것과 같다(einmal ist keinmal)'에서 빌려옴.

꽃이 지면

꽃은 아름다워야 한다
가난한 실뿌리 잔고를 털어
척척 카드를 긋듯이 피어났기에
흐린 날 피고 비 오는 날 지더라도
꽃은 아름다워야 한다

꽃은 꿈이다
망설이면 비참해지고
위로받으면 늙어버리는
꽃은 꿈이다

꽃은 별이다
별똥별 떨어져 산산조각 난 곳마다
알록달록 반짝이는 세밀한 기억들
외로워서 빛났지만
빛날수록 차가웠다고
바람 지날 때마다 팡팡 터져 오르는
웃음의 불꽃놀이
꽃은 다시 핀 별이다

〈
꽃이 지면
탄피처럼 가볍게 버려지고
삶은 다시 시작된다

누가 꽃이 되려 하나

전에는 꽃을 너무 꽃으로만 보고
꽃말의 처방대로 간병만 했었다
지금도 꽃은 꽃이지만
누가 섣불리 꽃을 위로할 수 있나

유전이란 본능보다 집요하다
화려함으로 기억되는 이름을 위해
얼마나 깊이 생을 빨아야 꽃이 되나
중독될수록 선명해지는가

안으로 들어가며 마음을 잠근다
기억을 뒤져 꿈 몇 개를 들여다본다
커튼을 내리듯 눈을 감는다
심장의 공회전이 손끝에서 새어 나온다
자폭을 준비하는 팔레스타인 청년처럼
세상 끝에 장전된다

바람이 없었다면 꽃밭은 피비린내 났을 것이다
기어이 마음을 열고 들어가

하나하나 생의 무게를 해체하고 있다

바람이 부는 날
꽃들이 환하게 창을 연다
육중한 숲으로도 못 한 일을
가벼운 미소 하나로 해냈구나

병영 일기

제대한 지 15년 만에
다시 입대 영장을 받았습니다
훈련소에서 올려다본
까마득한 하늘이 생각났습니다
부모님께 큰절하고 대문 밖을 나설 때
아버지의 울음이 낮게 들렸습니다

죄송함도 아쉬움도 다 버리고 짐을 꾸렸는데
불안한 마음만은 쓴웃음으로 남은 채
입영 열차 대신 비행기에 올랐습니다
딸애는 비행기에 매료되어
벌써 조국을 잊었습니다

마침내 부모님이 면회를 왔습니다
없는 것 없이 다 있다고 그렇게 일렀는데
뭘 그리 싸 오셨는지
집을 들어서며 아버지가 우셨습니다
아버지는 눈물이 헤퍼진 것 같습니다
그렇게 무료한 3주가 지나고 부모님은

창살 없는 감옥에서 석방되어 귀국하셨습니다

갑자기 경조 휴가를 가게 되었습니다
어머니가 돌아가셨습니다
23시간 만에 어머니의 주검에 닿았습니다
피곤했는지 어머니 옆에서 긴 잠을 잤습니다
서럽고 막막하고 받아들일 수 없었는데도
편히 잤습니다
아버지께 큰절하고 대문을 나서는데
낮은 울음이 또 들렸습니다

귀대길 내내 애들 생각만 했습니다
차라리 휴가가 짧다는 게 고향이 멀다는 게
다행이라 생각했습니다
텅 빈 가방을 들고 집 앞에 도착했습니다
강한 햇빛인데도 눈은 깜박거리지 않았습니다
훈련병처럼 나를 엿보는 애들 눈길이
가슴에 밀려들었습니다

새롭게 빛나는 저녁

빛을 섞으면 환해집니다
하늘의 것이니까요
색을 섞으면 까매집니다
땅의 것이니까요
빛은 하늘로 와서 색을 만들어내지만
아무리 색을 뭉쳐도 빛을 대신할 수는 없습니다
모래를 뭉쳐도 모양이 될 수 없듯이
한번 흩어진 마음은 아무리 뭉쳐도
처음의 마음으로 되돌릴 수 없습니다

시간을 이으면 영원이 됩니다
하지만 기억들을 불러 모으면
고스란히 아픔만 남습니다
소중한 것은 쉽게 깨어지고
그 가장자리는 왜 그리 날카로운지
그래도
아파했던 그 순간
우리는 자신도 모르게 영원에 닿아 있었지요
영원은

길이가 아니라 깊이니까요

해가 방금 지고
거리의 불빛이
새롭게 빛나는 저녁입니다

소리 내어 우는 것들의 속은 비어 있다

몇 번 뒷굽만 갈아 끼우자
아무리 끈을 죄도 허기로 벌려진 입을
오므리지 않던 아버지의 구두에서
탁한 저음이 흘러나온다
두께로 버틸 수 없는 것들이 힘들어지면
팽팽함으로 삶을 견디며 울고 싶어진다

걸리적거리는 내장이 모두 긁혀나간
악기의 내부는 의도적으로 비어 있다
속살 발려진 껍데기의 경련이
계산된 울음으로 뽑혀 나오고
든든한 귀들은 감미롭게 접수한다

드러누운 술병에서 긴 한숨이 새어 나오고
빈 깡통들이 탕 탕, 가슴을 치며 굴러다니는
골목길 안쪽
비우다가 지쳐 쭈그러져 가는 목숨의 혼잣말이
노을처럼 번져 나간다

〈
욕조에 물이 빠지듯
푸른 물이 빠져나가는 하늘가에서
장작의 알불처럼 탁탁, 안으로 터지는
낮은 폭발음이 들리는 저녁
여문 별들이 빈 하늘을 산산조각내고 있다

어느 해 겨울*

가난하기 싫은 새들 남쪽으로 가고
고집 센 텃새들만 빈둥거리는 하늘
씨앗 몇 개 잔고로 남기고 좌판을 접은 풀꽃들
대출 받은 햇볕으로 흥청대던 나무도
벌겋게 피 뽑아서 온몸으로 상환하고
살 없이 뼈로만 바람을 견디고 있다
몇 번의 폭설은 축복이었을까

이미 떠나 왔는데 더 갈 곳은 없었다
밤마다 서성이고
잠을 견디는 것 말고 방법이 없었다
별일 없이 떠서 서둘러지는 해를 쫓아
종일 빈들을 가로질렀다
삼각형의 건실한 소나무만이
꽉 찬 그림자로 해를 배웅했다
잔설은 춥고 외진 곳만 골라 질기게 버티고
어린것들은 어두운 곳에서도
불쑥불쑥 눈을 틔워냈다
그 눈에 눈을 비비며 몇 번이고

그림자를 고쳐 세웠다

잔설 녹아 개울이 찰랑거리지만
아직 봄이 아니다
어쩔 수 없어 길게 늘어지는 생은 끊어야 했다
목숨만 겨우 건진 단절일수록
그 시작은 꿋꿋하리라
혹독한 눈보라도 질퍽한 끝자락도
아직은 겨울이었다

*이민 첫해 겨울.

거미의 꿈

이슬 내린 아침
고장 난 안테나 위를 어슬렁거린다
퉁퉁, 안테나를 튕겨 잡음을 털어내고 있다
등골 속 심지를 뽑아 끊어진 줄을 잇고
고개를 갸웃거려 주파수를 새로 맞춘다
겉에서 속으로, 좁아 드는 나선의 중심에 앉아
막막한 하늘 속, 불구의 제 영혼에 꼭 맞는
싱싱한 신호 하나 꿈꾸고 있다

두리번거리며 숨어든 가지의 골목 끝
하늘로 가는 길은 막혀 있었다
숱한 매듭과 추락으로도 열 수 없었던 빗장

팽팽할수록 파고드는 긴장감
촘촘할수록 난타당하는 자책의 기억들
한번 뚫고 지나간 사랑은 끝내 지혈되지 못해
종일토록 몸을 말려야 살아갈 수 있는가

바람이 비를 몰고 말발굽 치며 지나간다

안테나의 꿈이 맥없이 펄럭거린다
뽑아낼수록 비어 가는 등골의 서늘함을 기억하며
한 줄 빠짐없이 다시 길을 열어야 한다
얼마나 많은 참회록을 지우고 다시 써야
바람의 궤적을 읽어낼 수 있는가
오래된 허기는 먹이로 채워지지 않는다

밝게 개인 아침
허공에 질긴 외투 하나 걸려 있다
바람이 그 속을 다 파먹고서

휘어진다는 것은

바람이 불다
휘어지는 곳에서 휘파람이 된다
휘어지는 모퉁이마다 바글거리는 바람
오래 머물면서 소리로 피지 못한
바람의 상처를 듣는다

새벽빛 휘어져 노을이 되고
저녁 무렵, 휘어져 돌아온 아버지의 그림자
잠자리에서도 펴지지 않던 어머니의 등
휘어진 가로등 밑에 흩어진 꽃다발
늦은 겨울 밤거리를 휘어져 걷는 사람들
휘어진 길에서만 되돌아 보이는
지나온 발자국들

휘어진다는 것은
꺾이지 않고도 절망을 알고
꺾이지 않았기에 탓하지 않고
둥글게 안고 다시 일어서게 하는
구김 없는 수긍이리라

■□ 해설

변신을 꿈꾸는 '4인칭'

이주화[*]

필자는 영문학을 공부했던 문학도에 불과하다. 윤석호 시인이 시의 해설을 제안했을 때 감사한 마음이었지만 나의 서투름으로 인해 오랜 시간 벼리며 새겼을 시인의 첫 시집에 누가 되지나 않을까 걱정이 앞섰다. 하지만 평론이나 해설자가 아니라 한 명의 독자로서 시인이 독자에게 전하고자 하는 바가 무엇인지 고민을 나누어 보는 것으로 필자의 마음을 가볍게 하고, 더불어 독자에게도 조금이나마 도움이 되었으면 하는 바람이다.

1

시인은 작은 배가 거센 파도에 휩쓸리듯 큰 흐름 속에 이리저리 흔들렸을 격변의 시대와 이민이라는 특수한 상

황을 지나왔다. 그 삶의 과정은 「명태 회귀하다」에서 명태들이 "내장을 들어내고" "영혼을 뜯어내는" 압력을 견뎌냈듯 아마 품고 있던 욕망을 덜어내는 과정이었을지도 모른다. 그래서 시인의 시 속에 아름다움, 처절함, 유머, 호기심, 비애 등의 다양한 감정들이 있지만, 꾹꾹 눌러 담아도 왈칵 흘러나오는 그리움의 부피를 버텨내려는 쓸쓸함이 시인의 정서를 지배하고 있는 듯하다.

결국, 시인은 고통받는 영혼을 위해 1인칭인 자신을 별 것 아닌 '배경'에 불과한 '4인칭'으로 역치 시킨다. 이는 감정을 객관화 시켜 자기의 감정에 거리를 두는 효과를 가져옴과 동시에 '4인칭'은 "또 다른 1인칭"으로서 변신을 시도해 씨앗이 되고 꽃이 되고 별이 되고 바람이 되어 그 대상의 운명에 동참하게 되는 결과를 가져온다. 다시 말하자면 '잡다한 것'에 불과한 '4인칭'은 변신을 꿈꾼다. '배경'에 불과한 자신은 카프카의 〈변신〉처럼 곧 새로운 자아가 된다.

4인칭은 여러 가지 대상들로 변신을 거듭하지만 "대출받은 햇빛으로 흥청대던 나무도/ 벌겋게 피 뽑아서 상환"(「어느 해 겨울」)하며 혹독한 겨울을 기다림으로 견뎌내듯 어느 하나 쉬이 시련을 지나는 것이 없다는 것을 깨닫는다. 사실, 삶의 혹독한 시련을 기다림으로 버텨내는 것은 시인만이 아니라 누구나 겪는 생의 본모습이기도 하기 때문에, 우리가 여느 시대와 공간을 지나왔다 하더라도 서로 공명할 수 있는 이유이며 이것은 곧 시의 본질을 관통하는 것이기도 하다.

 대상의 슬픔을 알아보고 같은 울림으로 위로하는 것, 이것이 시의 본질이 아닐까. 시인은 "소리 내어 우는 것들의 속은 비어 있다"고 하지만 스스로 우는 것들과 한 몸이 되어 그 '속'을 예민하게 드러내고 있다. "기어이 마음을 열고 들어가/ 하나하나 생의 무게를 해체"(「누가 꽃이 되려 하나」)하려고 시도한다. 이러한 그의 시도는 단지 공감의 차원을 넘어 대상과 일체의 상태에서 같은 주파수의 울림을 만들어 낸다.
 그래서 시인은 이런 절박한 울림을 독자에게 전하기 위해 시를 쓴다. 묵묵히 견뎌낸 끝에 찾아오는 영혼 깊은 곳의 영원을 같이 꿈꾸고자 시를 쓴다. "영원은/ 길이가 아니라 깊이"(「새롭게 빛나는 저녁」)이기 때문에 셰익스피어가 소네트 18번에서 "숨 쉬고 눈으로 볼 수 있는 한/ 시는 영원히 살 수 있나"고 밀했는지 모른다. 그가 한 줄 속에서 영원을 구현했듯, 시인은 생각의 씨앗들을 오랜 기간

품고, 검열과 정제의 시간을 거쳐서 한 줄 속에 영원의 울림을 담으려고 애쓴다.

"치렁치렁한 언어들을 볕에 늘어 말려도/ 세월을 견딜 만한 시가 되지 못하는 것은/ 빛 속에 내장된 어둠 때문이다"(「작용 속 반작용」)라고 고뇌하며 기다림의 고통을 지나 자아를 옭아맨 속박을 벗어던지고, 우주로 날아오르는 영혼으로 탈바꿈하는 과정 속에 우리는 영원의 시간과도 같은 현현의 순간을 경험할 수 있지 않을까?

필자는, 시인이 시를 통해서 어떻게 '영원과 맞닿을 깊이 있는 울림'을 구현해내는지 구체적으로 살펴보고자 한다.

2

누구나 한 번쯤은 자기 앞의 생에 관한 질문을 던진다. 시인도 다를 바 없다. 다른 점이 있다면 "단면과 직각으로 쪼갠 내부"(「소리와 단면에 관한 단상」)를 들여다보며 생의 의미를 파헤쳐보려는 그의 노력이 조심스럽지만 끈질기고 절박하다는 것이다. "칼을 쥐면/ 단번에 단면을 보려 하지만/ 어떤 가벼운 생이라도/ 날을 견딜 만한 결을 가진다"(「소리와 단면에 관한 단상」)며 조심스러운 태도로 접근하지만, 그의 몸부림은 처절하기까지 하다. "얼마나 깊이 생을 빨아야 꽃이 되나"(「누가 꽃이 되려 하나」)라며 때로는 절박하게, "목숨만 겨우 건진 단절"(「어느 해 겨울」)이어야 하나라며 때로는 체념하듯 자문한다. 아이러니한 것은 생의 단면을 보려는 몸부림이 "자폭을 준비하는 팔레스타인 청년처럼"(「누가 꽃이 되려 하나」) 어둡고 절박할수록 아름답게 빛난다는 것이다. 그래서 시인은 "보람 없이 지는 꽃"도 '씨앗'을 남기는 것처럼(「겨울 편지」), 무언가를 시도하는 그 속에 이미 아름다움이 내장되어 있음을 알기에 결말에 의의를 두지 않는다고 말하는지도 모르겠다. 소득 없는 기다림인데도 "시간을 견딜 만한/ 씨앗으로 남았기 때문"에 "만남을 전제로 하지 않아도 좋다"(「기다림이 꽃으로 피다」)고 외치는지도 모르겠다.

사실 시인의 생에 관한 질문은 절박하다지만 때로는 능청스러운 어조에 반짝이는 장난기가 묻어 있다. "기우제에 우산을 준비한 사람은 아무도 없어"(「고도를 기다리며」)라면서 "기다리던 것이 금방 오면" 오히려 당황스럽다고 이야기하는 그의 어조에는 진지함을 숨겨놓은 기벼움이 있다. "어둠 속에 떨고 있었으면서도 문이 열리면/ 환하게 빛나는 음료수병처럼" 기다리던 네가 나타나면 "미운 오리 한테 새끼 하나 더 주듯이/ 백조 같은 너에게 나 같은 새끼를 감히 주고 싶어"(「미운 오리 새끼」)라고 천연덕스럽게 이야기한다.

그런가 하면 때로 시인의 시는 '당돌'하다. 그래서 "한입에 넣고 씹기에는 부담"스러우나 낯선 동시에 즐겁다. 껄끄러운 동시에 "신선하다"(「당돌한 시」). "또 다른 1인칭"에서 시인은 내부가 산산이 조각나 길거리에 버려진 사각 거울을 보며 유기된 변사체를 떠올린다. 사각 거울은 어느새 변사체가 되고 걸음을 멈춘 행인들은 검시관과 목격자가 되어 그들의 현장 조사와 증언을 통해 조각난 거울의 사인은 끝내 '내상'으로 규명된다. 또한 「잭나이프」에서 시인은 "스스로 미끼가 되어 자신에게 바늘을 찔러 넣"는 고통을 통해 두려움을 누르고 나서야 주머니 속 잭나이프 꺼내 상대를 깊게 찌를 수 있다고 말하며, 이것은 흡사 사랑의 속성과 같다고 표현하기도 한다.

시인의 시에는 마음을 건드리는 시구들이 숨어 있다. 툭 던지듯 투박함이 묻어나는 제목과 상반되게 한 단어 한 단어 섬세하게 골라 쓴 시어들은 무심한 듯 면밀한 시인의 성격을 드러내는 듯하다. 성실한 건축공이 그러하 듯 견고한 시어들로 툭툭 벽돌을 쌓고 그 안에 깊숙이 밀어 넣은 생각의 우물이 독자를 가보지 못한 새로운 경계로 이끈다. 「명태 회귀하다」에서 "차디찬 물 뚜껑을 열고" 건져 올려진 명태들의 내장이 들어내지고 "오와 행을 맞추고" 길게 걸려 늘어선 모습에서 시인은 "영혼을 뜯어내는 인장과 압축"의 과정을 본다. "살을 뼈로 벼리는 혹한"을 견디며, "들키지 않게 조금씩 중력을 잃어가는" 혹독한 고행을 감내하던 명태가 마침내 "먼 별 바람의 심해 속을 견고하게 헤쳐 가는 금빛 영혼"으로 돌아간다. "서자라는 의혹" 외엔 "어리둥절"하고 정체성 모를 '대구 목, 대구 과'의 명태가 수도승이 도를 닦아 해탈하듯 "하늘목, 바람과"의 족보를 가진 빛나는 영혼으로 변해가는 과정은 일종의 페이소스를 가져온다.

위로받지 못한 영혼을 만족시키는 것만큼 어려운 일이 있을까. 사람은 자신과 다른 타인을 참지 못한다. 같은 딕션을 나누지 못하는 이방인에게 어색하고도 친절한 미소로 선을 긋는 타국에서 가족을 보호하고 생계를 이어 간다는 것은 "혀가 다 길라"질 정도로 불안한 일이다. 그래서 뱀처럼 "독을 품고" "쉼 없이 날름 거리"면서 (「뱀을 아세요?」) 생을 지켜내지만, 정작 자신을 돌보고 뿌리내릴 겨를 없이 아무것도 아닌 '4인칭'으로 살아갈 수밖에 없다. 시인은 그런 자신의 정체성을 "이름도 없고 상관도 없는 잡다한 것들", 즉 '4인칭'으로 정의 내리고는, 자신 같은 4인칭들 속에서 숨어 있는 소심한 1인칭들을 위한 '다른 세상'을 꿈꾼다. '다른 세상'을 꿈꾸는 그의 시적 자아는 꽃이 되고 바람이 되고 "또 다른 1인칭"이 되어 때로는 꿋꿋이 버텨내고 때로는 무너져 허물어지는 여러 생들을 쏟아내고, 그것들이 어쩌면 결이 다르지 않은 진정한 우리의 모습일 수 있다는 것이 독자에게 건네는 위로일 것이다.

3

시인이 온 마음을 쏟아 노래하는 생은 꿈꾸는 소년으로, 사랑을 구하는 청년으로, 두고 온 가족을 그리워하는 중년으로 시간을 떠돌고 있다. 또 어떨 때는 씨앗이 되고, 꽃이 되고, 바람이 되고, 나무가 되어 사계를 떠돌고, 시 한 줄의 공간 속에 부유하며 꼭 전해야 할 것이 있다는 듯 기다린다. "만남을 전제로 하지 않는"(「기다림이 꽃으로 피다」) 그리움으로 담금질 된 시인의 노래는 이제 "먼 별 바람의 심해 속을 견고하게 헤쳐 가는 금빛 영혼"(「명태 회귀하다」)으로 되살아나 독자의 마음에 전해지기를 간절히 갈망하는지도 모르겠다.

*이주화 / 단국대, 동 대학원에서 영문학 학사, 석사학위를 받았다. Binghamton University Graduate School에서도 영문학을 전공했다. 지금은 그저 두 아이의 엄마다. 저자에게 이 책이 첫 시집이듯 나에게도 이번이 첫 번째 해설이다. 시인이 어떤 표정으로 삶을 포착하는지 들여다보고자 노력했다. 시애틀에 살고 있다.